Nordic Flower

꽃과 나 그리고 북유럽 이야기

꽃과 나 그리고 북유럽 이야기

Nordic Flower

※ 소중하게 간직하고 싶은 나만의 이야기를 기록하세요.

Nordic

누구에게나
꽃피우지 못한 꿈이 있다고,
그러나 아직
늦지는 않았다고…

〈네스홈〉의 네스맘입니다. 『리넨이 좋아』라는 바느질 책 이후, 꽤 오랜 시간이 흘렀습니다. 손바느질하듯 사느라 모두들 여념이 없으셨겠지요. 저도 그랬습니다.

몇 해 전부터 북유럽 열풍이 불기 시작하더니 이젠 모든 라이프스타일이 북유럽에 맞춰졌다고 해도 과언이 아닐 정도로 북유럽 바람이 거셉니다. 인테리어에도, 생활 소품에도, 교육관에도 그리고 조금쯤 느리게 살아가는 인생관까지도… 북유럽을 닮고 싶어 하는 분야가 점점 늘어나고 있습니다.

북유럽. 살면서 꼭 한 번쯤은 가보고 싶은 곳입니다. 잘 알지도 못하면서, 가본 적도 없으면서, 괜히 막연히 꿈꾸게 되는 참으로 이상한 땅입니다. 그런데 저는 조금 아쉬웠네요. 어디서나 보는 삼각형. 어디서나 보이는 십자가 무늬. 흔하게 보이는 기하학 도형 같은 것들이….

시중에 소개된 북유럽풍의 흔한 도형에서 벗어나 꽃 이야기를 하고 싶었습니다. 사람들이 북유럽에 열광하는 건 자연이 깃든 실용주의 때문이 아닐까 싶었거든요. 꽃과 나뭇잎 그리고 땅의 빛깔들을 옮겨 놓은 순수한 색. 그런 것들을 모티브로 삼아서 완성된 무엇이 바로 북유럽 열풍의 핵심일 테니까요.

꽃은 어디에나 잘 어울리죠. 화이트 톤의 집 안에 우직한 나무로 만든 가구 그리고 북유럽 꽃 패턴의 임팩트 있는 색감이 더해지면 얼마나 멋진 조합이 될까요. 주변을 도화지처럼 깔끔하게 정돈한 후 북유럽 플라워 패턴의 패브릭으로 포인트를 주면 얼마나 예쁠까요.
이 예쁜 꽃들을 네스홈 원단으로 만들면서 요즘 인기몰이 중이라는 컬러링북을 떠올렸습니다. 패브릭으로 집을 꾸미듯 마음도 그렇게 다시 꾸며보면 어떨까 하구요.

네스홈에서 북유럽풍의 원단을 준비하면서 제작했던 숱하게 많은 플라워 패턴 중에서 핵심이 될 만한 것들을 고르고 골랐습니다. 이 책은 그렇게 엮어졌습니다. 누가 색칠하느냐에 따라 얼마든지 다양한 조합이 나올 수 있는 패턴들…. 이미 제작된 원단을 뛰어넘어 새로운 작품을 만드는 일은 이제 독자들 몫입니다. 벌써 기대가 되는군요.
제 머릿속에도 벌써 수많은 색연필들의 조합이 펼쳐집니다. 고심 끝에 고르고 골라 손에 든 색연필. 색칠을 하다 보면 마음이 차분해지는 것을 느낍니다. 그간 시달렸던 근심들을 잠시나마 떨쳐두고, 나 자신을 깊숙이 들여다보며 차분하게 여러 고민들을 풀어 나가 봅니다. 칠해 놓고 나면 역시 내가 좋아하는 색들 위주로 색연필을 골랐음을 알게 됩니다. 나는 이런 색깔을 가진 사람이구나, 하고 생각해 봅니다.
꽃 패턴들이 하나둘씩 색을 입는 걸 보면서 불현듯, 여자 인생 이야기가 하고 싶었습니다. 꽃처럼 살고 싶었던 여자의 꿈, 그리고 미처 다 꽃피우지 못한 오래된 꿈을 떠올려보면 좋겠다고 생각했습니다. 그 꿈을 떠올리면서 꽃문양들마다 채색을 시작해 보시라고 권합니다. 칠하면서 하나씩, 해묵은 그 꿈들과 다시 만나는 시간을 갖게 되었으면 좋겠습니다.

여자의 꿈을 담은 북유럽 꽃들은 색칠 공부용이기도 하지만, 수를 놓을 때 자수 본으로 활용해도 좋고, 아이와 함께 칠해서 액자로 만들어도 좋겠습니다. 그저 이 한 권의 책을 컬러링으로 완성해서 나만의 플라워 노트처럼 간직하셔도 괜찮을 것 같습니다.
북유럽 꽃 패턴을 원단으로, 또 색칠하는 책으로 만들면서 저는 또 다른 꿈을 꿉니다. 책을 구입한 독자들이 탄생시킨 또 다른 색 조합의 그림들을 〈네스홈 콘테스트〉를 통해 직접 원단으로 생산해서 증정하는 이벤트를 하면 어떨까, 하고 계획 중입니다. 네스홈만의 특별한 플리마켓이라든지, 정모 같은 행사도 계속될 것입니다. 또한 앞으로 계속해서 이어나가게 될 책 작업을 통해 더 많은 분들과 다양한 방법으로 소통하면서 일상의 즐거움을 나누고자 합니다.
그 많은 기획의 첫 실현이라고 할 수 있는 패턴 컬러링북. 이 책의 출간과 함께 네스홈은 모두와 함께 공유할 수 있는 더 좋은 디자인과 더 신나는 기획, 더 아름다운 제품들을 빚어내는 일에 모든 열정을 쏟을 것입니다. 기쁘게, 아주 행복한 마음으로 말이지요.
제가 꾸는 모든 꿈을 실현시켜주는 네스홈의 20만 회원 분들에게 이 자리를 빌려 감사의 인사를 드립니다. 책을 출판하는 포북, 디자인 원단 제작 회사인 네스홈 그리고 컬러링북에 색을 입히는 독자들. 세 유기체의 조합으로 탄생될 다양한 색감의 원단들을 기대해 봅니다.
패턴마다 나만의 색을 입히면서… 꿈의 북유럽, 우선은 그렇게 먼저 다녀오기로 하지요.　　　　　　　　　　2014년 늦은 가을, 네스맘 씀

Flower

해묵은 꿈을 찾아가듯,
북유럽으로…
시간 여행을 떠나다

뒤돌아 걸어보고 싶을 때가 있다.

돌아가면 무엇이 있을지도, 하면서

괜히 기웃거려지는 순간이 있다.

그때 내가 다른 곳을 보고 있었다면

그때 내가 다른 생각을 품었다면

그때 내가 다른 길을 향해 걸었다면…

그랬다면 지금 나는 무엇이 되어 있었을까.

북유럽은 내 어린 날의 다락방 같다.

가보면 무언가 찾을 수 있을지도, 하면서

자꾸만 마음 내딛게 하는 이상한 나라.

조금 더 나은 사람이 되기를

아주 잠시만 쉬어 갈 수 있기를

그리고 한 뼘만 더 행복해지기를….

막연히 꿈꾸게 되는 곳, 북유럽.

한 장 또 한 장 채색하고 물들이며

잊고 살았던 내 꿈을 다시 찾아가는

시간 여행자가 되어 보기로 한다.

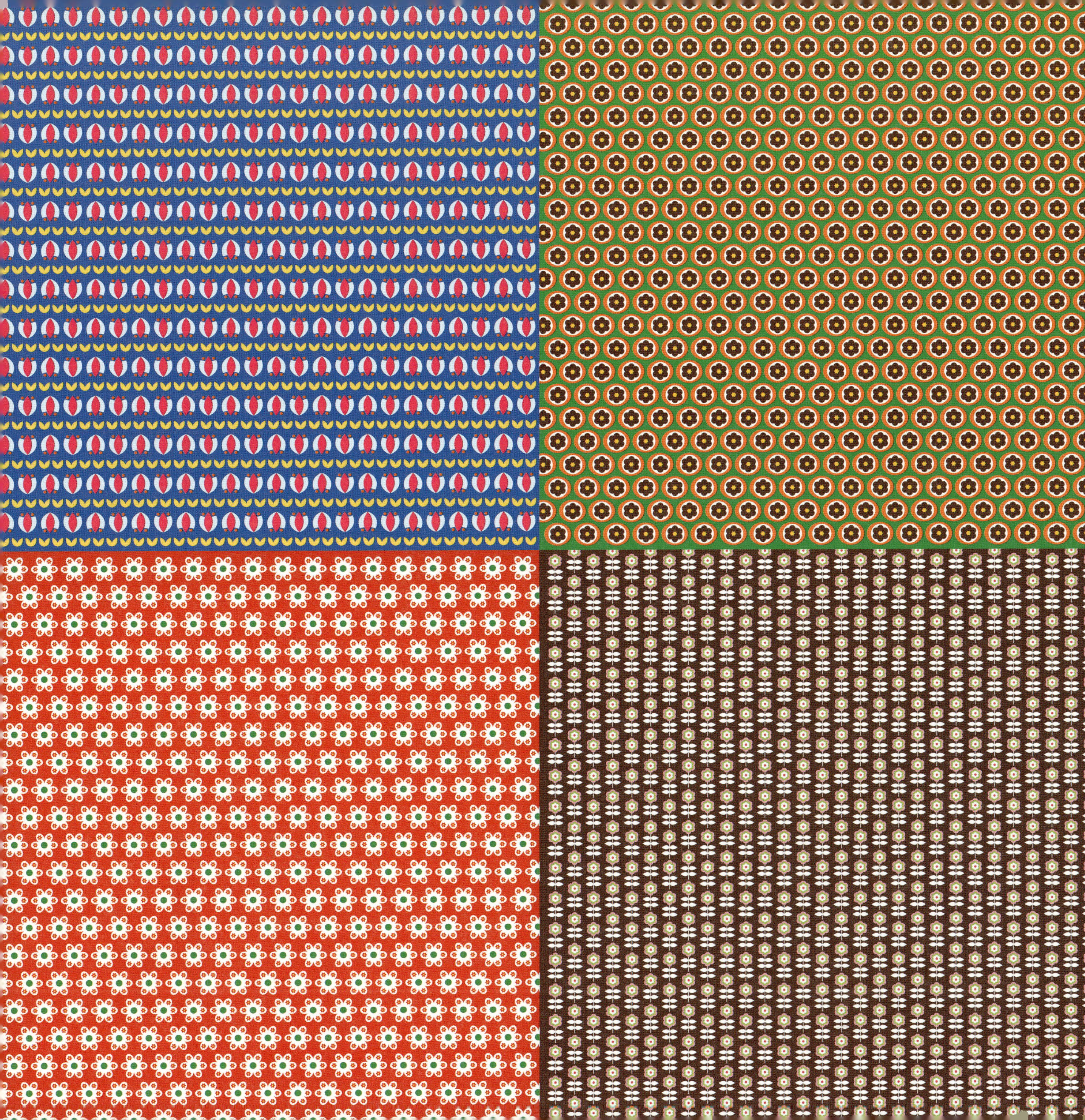

북유럽의 꿈은 지극히 작은 것들에서 시작되었다. 꽃과 동물, 얼음과 호수, 눈 덮인 자작나무와 같은 자연의 모든 풍경들이 천진하게 마음을 두드린다. 덴마크와 한스 안데르센. 수오미라고 부르는 호수의 나라 핀란드, 행운을 상징하는 말 달라호스와 스웨덴. 동화 속 이야기처럼 자꾸만 북유럽에 빠져드는 이유는 이런 것. 유치해, 하면서 고개 돌렸을지도 모를 동물 아이콘들을 하나둘 집 안으로 불러들이면서 더 좋은 기운이 들어오기를 소망하는 것인지도! 쿠션 위에, 테이블 위에, 그릇마다에, 내 아이의 이불 위에… 노르딕 프린트를 채워 넣으며 꿈속을 여행하는 앨리스 아가씨처럼, 참 이상한 나라 북유럽과 마주하는 시간이 즐겁다.

행운을 부르지, 달라호스
지혜가 필요해, 부엉이…
마법의 주문을 걸어 봐!

북유럽을 상징하는 아이콘들은 자연의 모티브들이 주를 이룬다. 꽃을 형상화한 패턴에서부터 눈과 바람을 옮겨 놓은 듯 굴곡 있는 웨이브, 지오메트릭 패턴 같은 지극히 기하학적인 스타일조차도 얼음 조각을 연상하게 하니까. 여기에 곁들여진 위트 있는 동물 아이콘들은 동화의 나라 북유럽을 대표할 만큼 사랑스럽다. 이 녀석들에게 점점 매혹된다. 어른이 되기를 멈추고 싶은 걸까. 어쩌면 어린 시절 그 마음으로 돌아가고 싶은 것인지도.

너무 무거운 생각들은 버려기로 해
봄

얼마든지 다시 꽃피울 수 있어
여름

내 마음이 하는 말을 들어줄 시간
가을

걱정을 덮으라고 눈이 오는 거야
겨울

Time 'n date
7
WED

11 12 1
10 2
9 3
8 4
7 6 5
WESTCLOX
electric

1 LK
KL
SUOMI FINLAND

1 LK
KL
SUOMI FINLAND

1 LK
KL
SUOMI FINLAND

1 LK
KL
SUOMI FINLAND

1 LK
KL
SUOMI FINLAND

1 LK
KL
SUOMI FINLAND

1 LK
KL
SUOMI FINLAND

1 LK
KL
SUOMI FINLAND

1 LK
KL
SUOMI FINLAND

1 LK
KL
SUOMI FINLAND

SUOMI FINLAND

SUOMI FINLAND

TEA TIME
A Cup Of Tea
APPLE TREE

APPLE TREE

GARDEN PARTY
ORANGE TULIP

TEA TIME
A Cup Of Tea
ORANGE BLOSSOMS

SUOMI FINLAND
1 LK KL
SUOMI FINLAND

APPLE TREE

Apple Tree
UOMI FINLAND

1 LK KL
SUOMI FINLAND

A CUP OF TEA

GARDEN PARTY
ORANGE TULIP

Nordic Flower

Nordic Flower

이 책은 지상 단 한 권뿐인 당신만의 꽃 일기장입니다

1 꽃들에게 희망을, 채색해 주세요

노르딕 플라워는 북유럽의 꽃을 지칭하는 말입니다. 이 책에는 다양한 크기와 서로 다른 패턴의 북유럽 꽃들이 가득합니다. 한 송이의 꽃에서부터 정원을 가득 채울 꽃과 나무까지… 비어 있는 패턴에 희망의 색깔을 입혀 주세요. 나만의 색, 나만의 꿈으로 한 장 또 한 장씩 채색해 가는 그 시간, 당신의 마음에도 희망이 가득 채워질 것입니다.

2 사랑하는 사람과 함께, 마음을 색칠해 보세요

연인과 함께, 아이와 함께, 부모님과 함께, 친구와 함께… 마음을 나누듯 함께 채색하는 즐거움도 빼놓을 수 없습니다. 머리를 맞대고 함께 색을 입혀 가며 한 걸음, 또 한 걸음! 마음이 가까워지는 소리를 들을 수 있습니다.

3 간절하게 원하는 그것, 주문을 걸어 보세요

그렇게 되기를, 꼭 그렇게 될 수 있기를 바라는 것들이 있지 않나요? 나를 위해, 내 가족을 위해 소망하고 있는 어떤 일들이 있다면 그 간절한 마음과 정성을 담아 주문을 걸면서 채색해 보세요. 반드시 이루어질 것이라는 믿음, 그 좋은 결과를 보게 될 테니까요.

4 나와 가족들의 그림으로, 집 안을 장식해 보세요

내가 완성한 그림으로, 내 가족이 함께 완성한 아름다운 꽃송이들로 집 안을 장식하는 즐거움도 빼놓을 수 없습니다. 한 장씩 떼어 액자로 만들어 걸어보면 보는 즐거움이 더욱 커질 테니까요. 아이를 위한 컬러링 북으로 선물하면 사랑스러운 솜씨를 오래오래 남겨 두기에도 제격입니다.

5 자수와 패치워크 본으로, 활용해 보세요

책 속의 패턴들은 수를 놓거나 패치워크 장식을 하는 시간에 DIY 본으로 사용하기 딱 좋습니다. 원하는 크기와 패턴의 그림을 잘라내어 자유자재 본으로 활용해 보세요.

FRESH
Locally town
BLOSSOM
IN NATURE
WELCOME TO MY HOME

BEAUTIFUL
FRESH
Locally town
BLOSSOM
IN NATURE

APPLE TREE

TEA TIME
A Cup Of Tea
APPLE TREE

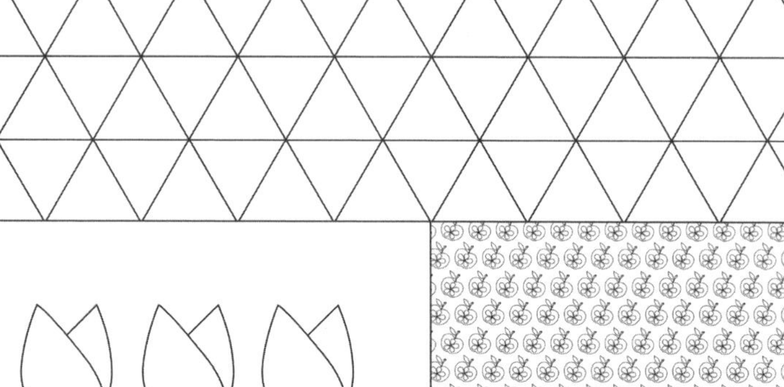

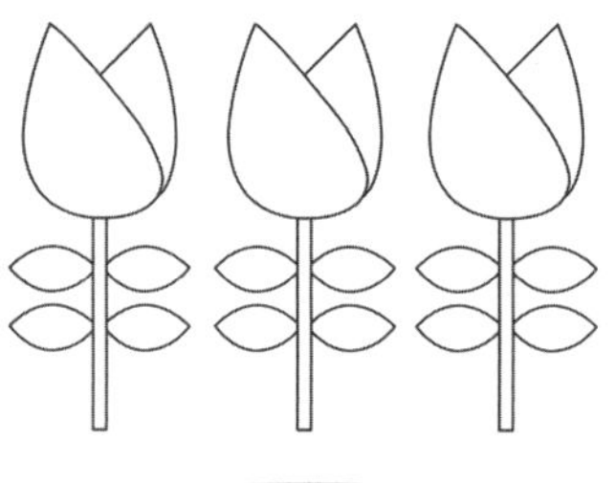
GARDEN PARTY
ORANGE TULIP

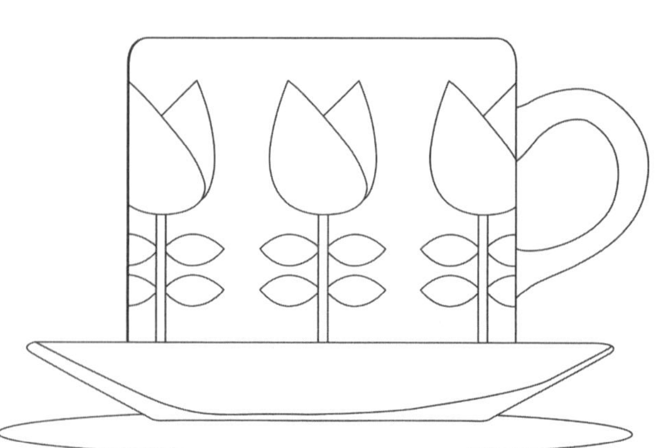
TEA TIME
A Cup Of Tea
ORANGE BLOSSOMS

SUOMI FINLAND
1 LK KL
SUOMI FINLAND

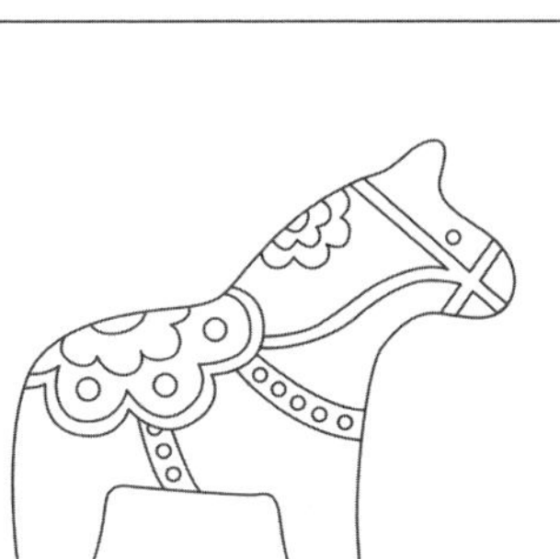

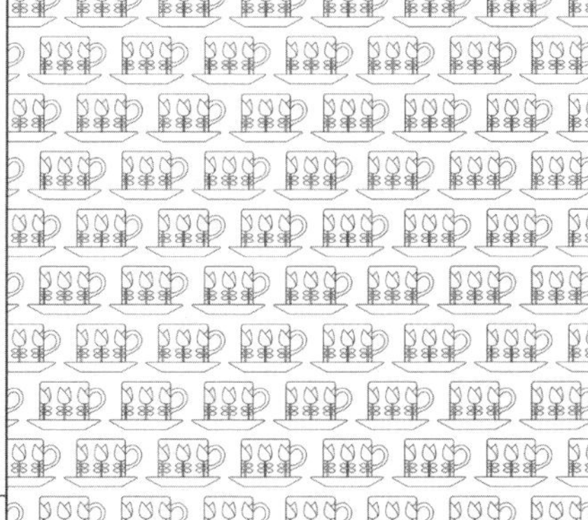

Apple Tree
SUOMI FINLAND

APPLE TREE

1 LK
SUOMI FINLAND

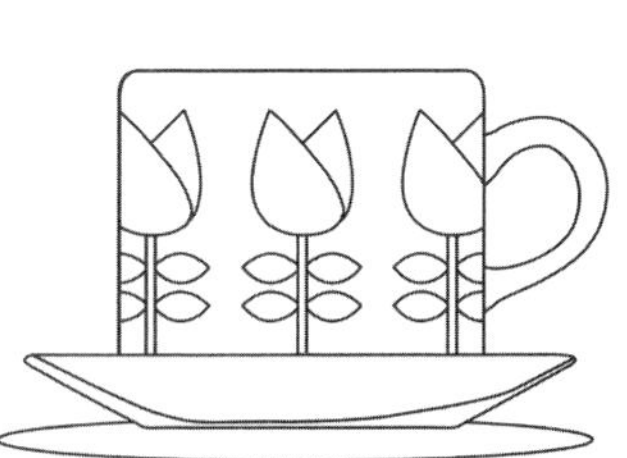

A CUP OF TEA

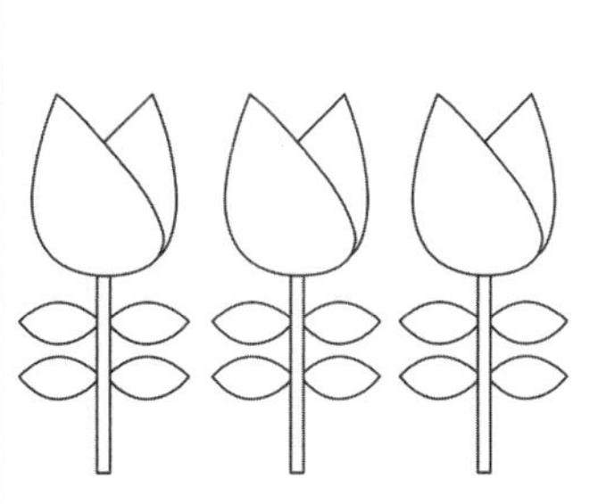

GARDEN PARTY
ORANGE TULIP

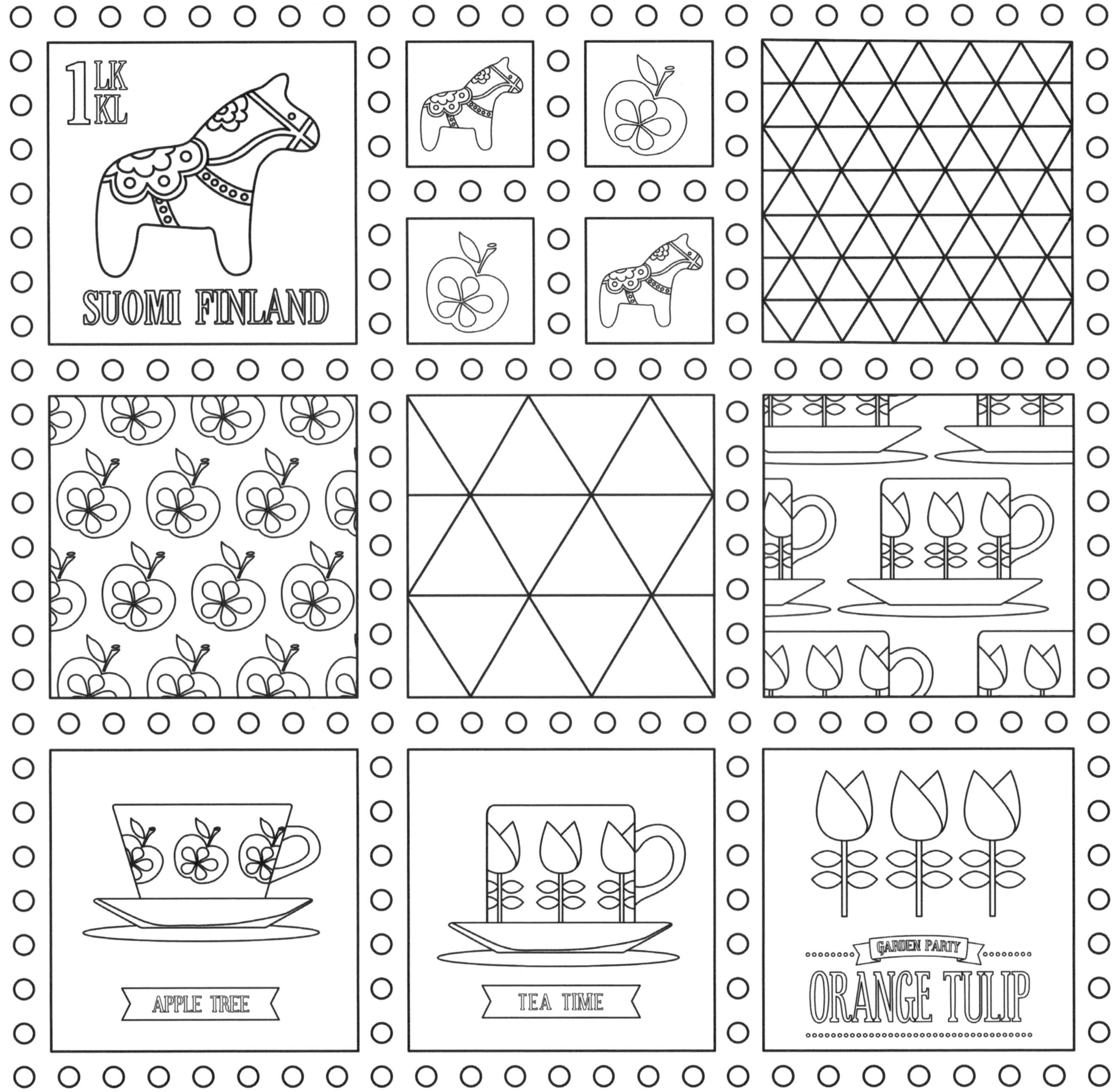

1 LK KL
SUOMI FINLAND
APPLE TREE
TEA TIME
GARDEN PARTY
ORANGE TULIP

1 LK KL
SUOMI FINLAND
APPLE TREE

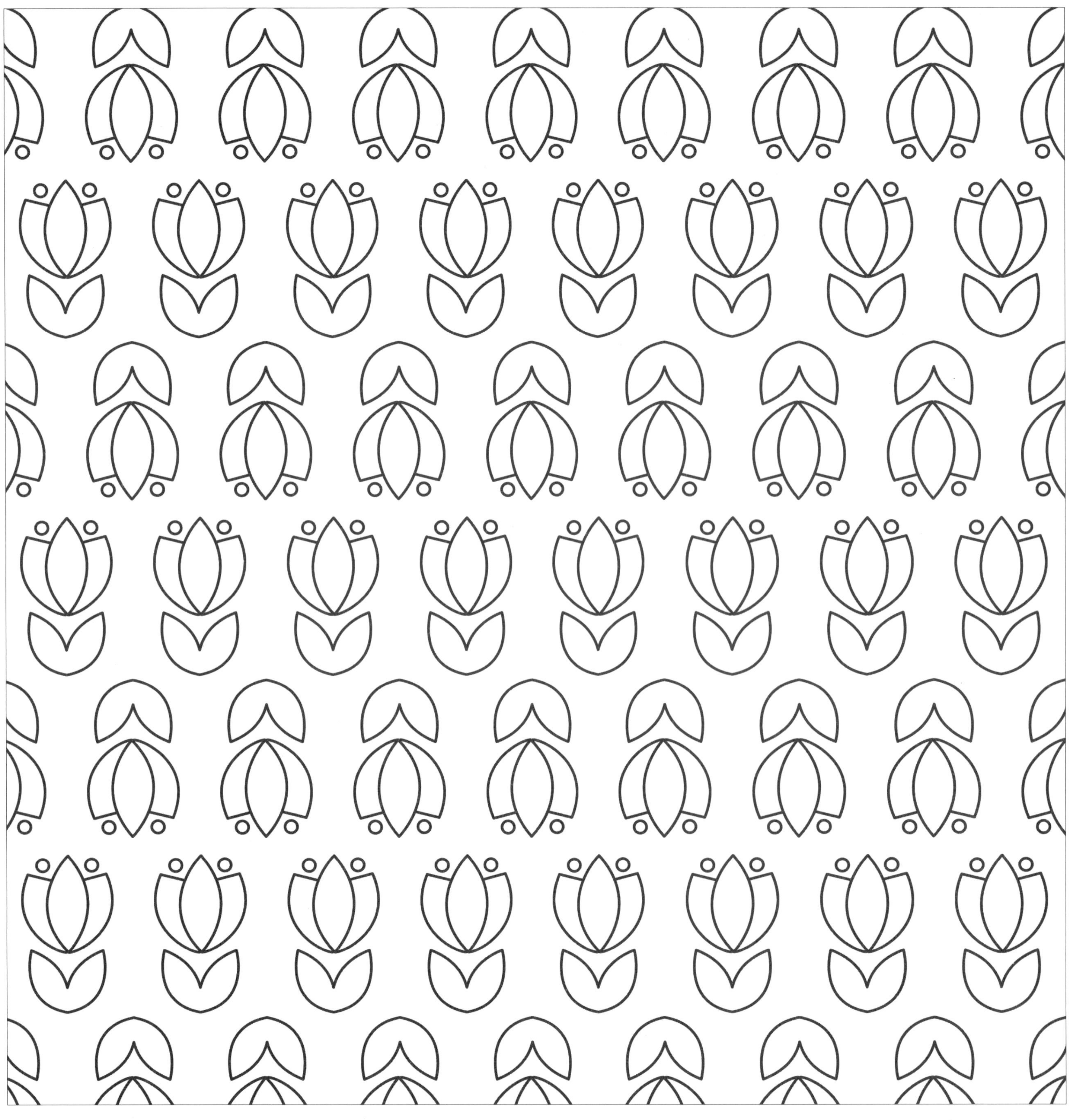

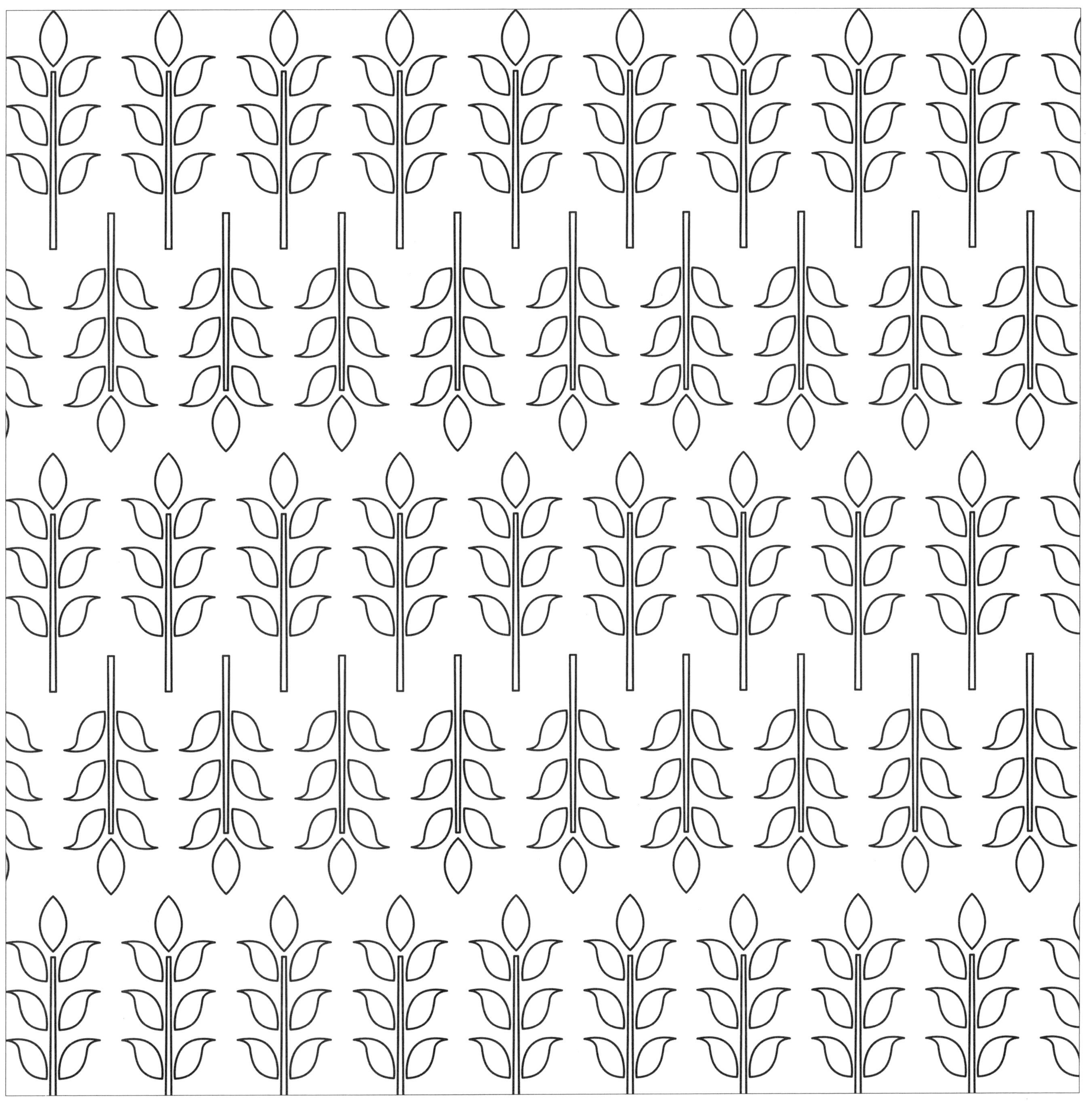

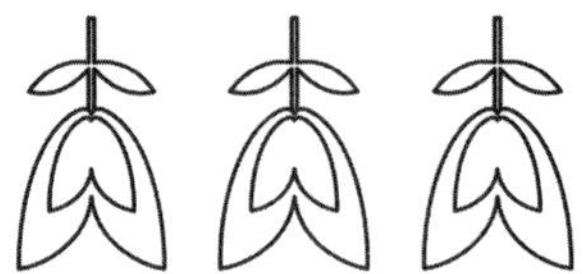

Nordic Flower

꽃과 나 그리고 북유럽 이야기

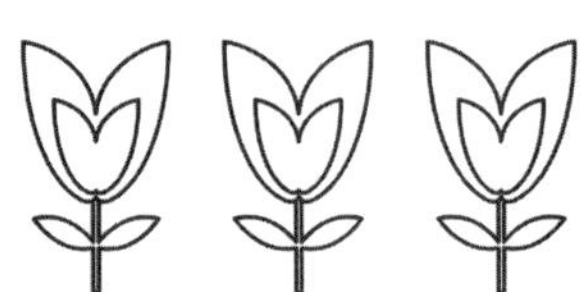